Henning Sabo · Verdichtungen

AF289031

HENNING SABO

Verdichtungen

2013 · 4/4

edition kEin zWeites

Das Teilchen, das fehlt,
Bin immer ich selbst.

Früher glaubte ich,
Die Hölle sei ein Ort,
Aus dem es keinen Ausweg gibt.

Heute weiß ich,
Die Hölle ist der Ort,
Der nur aus Auswegen besteht.

Kein Weg ist versperrt, keine Richtung verschlossen,
Türen und Tore bleiben allezeit offen.

Ein jeder kann sich frei bewegen
Und an jeden gewünschten Ort gelangen.

Die Orte sind alle verschieden,
Werden sich aber nicht unterscheiden.

Ein jeder kann sich frei bewegen
Und an jeden gewünschten Ort gelangen.

Kein Weg ist versperrt, keine Richtung verschlossen,
Türen und Tore bleiben allezeit offen.

Die Hölle ist der Ort,
Der nur aus Auswegen besteht.

Der Welt bin ich Besucher,
Das Wahre ist mein Heim;
Vergeblich suche ich in dieser,
Mit ihm vereint zu sein.

Was immer ich auch schöpfte oder modellierte,
Es blieb Fragment und schien wie tot und abgetrennt;
Entfernt von dem, was ich erschaute und erlebte,
Ein Element, das seinen Grund nicht mehr erkennt.

Und doch, wenn ich ihm wieder jetzt begegne,
Dann ist es so, als ob es mich beim Namen nennt
Und nur ein Leuchten in den Augen bräuchte,
Damit es sich entzündet und von Neuem brennt.

Ich hatte mich so gut versteckt,
Dass ich mich selbst nicht mehr entdeckt.
Ich hatte mich so gut so schlecht gemacht,
Dass ich an mich nur noch zuletzt gedacht.

Ich war so gut getarnt,
Dass nichts mich mehr vor mir gewarnt.
Ich war so gut wie tot gewesen –
Dass ich mich sterben ließ, ließ mich genesen.

Einen Mangel empfinden:
Mir etwas vorenthalten.

Mich unbefriedigt fühlen:
Mein Gewissen nicht befrieden.

Mit allem hadern:
Im Augenblicke zögern.

Die Schuld an andere vergeben:
Meine Zuständigkeit leugnen.

Klagen, dass ich nicht sein kann:
Nicht sein, wer ich bin.

Etwas darstellen wollen,
Statt festzustellen, wer ich bin.

Etwas werden wollen,
Statt wahrzunehmen, was ich bin.

Etwas sein wollen,
Statt zuzulassen, dass ich bin.

Wenn du mich siehst,
Sieh keinen Fremden,
Sieh keinen Anderen,
Sieh keinen Zweiten!

Wenn du mich siehst,
Sieh ein Erscheinen
Des Gleichen vor Gleichen,
Des Einen im Einen!

Wenn du mich siehst,
Sieh und erkenne dich,
Gespalten am Ich,
Gespiegelt durch mich!

Wenn du mich siehst,
In diesem Augenblick,
In deinem Augenblick,
In meinem Augenblick,

Bestehe aus Lieben
Und liebe dich,
Zerfließe in Lieben
Und liebe mich!

Denn du siehst in diesem Lieben,
Das liebt dich jetzt durch mich,
Wie das Eine liebt im Einen
Nie einen anderen als sich.

Wenn du mich siehst,
Dann sieh nichts anderes!

Nimm mir das Land,
Aber lass mir den Himmel!
Nimm mir den Grund,
Aber lass mir die Wurzel!

Nimm mir den Traum,
Aber lass mir das Tanzen!
Nimm mir die Zeiten,
Aber lass mir den Raum!

Nimm mir die Rolle,
Aber lass mir das Spielen!
Nimm mir die Hülle,
Aber lass mir das Innen!

Nimm mir den Schein,
Aber lass mir das Leuchten!
Nimm mir das Werden,
Aber lass mir das Sein!

Ich brauche nichts weiter
Zu häufen, zu meinen;
Ich bin ja in allem –
Als Ausdruck des Einen.

Manchmal bin ich allzu geschäftig –
Dann überrascht sie mich,
Die Stille, die allgegenwärtig.

Dann äußert und offenbart sie sich
In jedem Bewegen, in jedem Verlauten,
In allem, was selbstverständlich und offensichtlich.

So ist ein unendliches Schaudern und Schenken,
Das ergibt sich dem Nu, den es beglückt,
Und es vollendet in sich alles Handeln und Denken.

So bleibt kein Gegensatz nun mehr zurück,
Es ist alles so nah und zugleich so entrückt,
Und die Stille ist da, ob sie ist oder nicht.

Sitzen
Und die Erdanziehung
Dieses Körpers spüren;

Sitzen
Und zu wissen,
Dass ich ohne Körper bin.

Ich habe keine Vorstellung,
Was ich verwirklichen will –
Ich muss es einfach tun.

Ich wüsste nicht,
Woher ich die Kraft nehmen soll –
Ich habe keine Wahl.

Ich glaube nicht,
Dass es funktionieren kann –
Ich fange dennoch an.

Hier brennt die Verzweiflung,
Dort leuchtet die Vision –
Diese treibt mich an, zu jener zieht es mich hin.

Nein, nichts Erfahrenes
Wird mich bestärken, nichts bestätigen –
Allein der Augenblick schafft Tradition.

Da ist kein Erinnern,
Wie ich von hier nach dort gelangen kann –
Ein Atem kehrt aus, ein Atem kehrt ein.

Ich weiß nicht mehr,
Ob ich mal irgendwo gewesen bin,
Ich weiß auch nichts von einem irgendwann.

Ich bin
Und bin darin.

Ich weiß nicht mehr,
Wohin mich wenden und an wen?
Ich bin befangen, doch befreit von einem Bann.

Ich bin
Und bin darin.

Ich weiß nicht mehr,
Was mir noch bliebe, es zu tun;
Ich tue nichts, obwohl ich alles kann.

Ich bin
Und bin darin.

Muss nicht erobern, wer ich bin,
Um zu sein, der ich bin.
Muss nicht erkennen, wer ich bin,
Um zu sein, der ich bin.

Muss nicht verlassen, wer ich bin,
Um zu sein, der ich bin.
Muss nicht vernichten, wer ich bin,
Um zu sein, der ich bin.

Muss nicht werden, wer ich bin,
Um zu sein, der ich bin.
Muss nicht sein, wer ich bin,
Um zu sein, der ich bin.

Kann nicht entkommen
Jenem, der ich bin,
Denn es erwartet allerorten
Mich eben jener, der ich bin.

Meine Feste in der Veränderung:
Dass ich bin, der ich bin.

Meine Quelle der Veränderung:
Dass ich bin, der ich bin.

Manchmal bin ich die Insel,
Manchmal bin ich das Meer;
Manchmal bin ich die Weite,
Manchmal bin ich das Hier.

Manchmal bin ich zu wenig,
Manchmal bin ich zu sehr;
Manchmal bin ich zu flüchtig,
Manchmal bin ich zu schwer.

Manchmal bin ich das Schild,
Manchmal bin ich der Speer;
Manchmal bin ich die Pflanze,
Manchmal bin ich das Tier.

Manchmal bin ich ganz Moll,
Manchmal bin ich ganz Dur;
Manchmal bin ich erleuchtet,
Manchmal bin ich obskur.

Manchmal bin ich die Pflicht,
Manchmal bin ich die Kür;
Manchmal bin ich das Schloss,
Manchmal bin ich die Tür.

Manchmal bin ich der Schöpfer,
Manchmal bloß Kreatur;
Manchmal ein einziges Vieles,
Manchmal ein Lieben nur.

Doch immer bin ich vollkommen,
Doch immer bin ich ein Ja:
Ja, manchmal bin ich die Insel
Und manchmal bin ich das Meer.

So schaue ich alles
An als das Meine;

So weiß ich ein jedes:
Ich bin!

Dass ich heil bin –
Ich nehme es an!
Dass ich vollkommen bin –
Ich nehme es an!

Dass ich Sein bin –
Ich nehme es an!
Dass ich Lieben bin –
Ich nehme es an!

Dass du heil bist –
Ich nehme es an!
Dass du vollkommen bist –
Ich nehme es an!

Dass du Sein bist –
Ich nehme es an!
Dass du Lieben bist –
Ich nehme es an!

Dass es heil ist –
Ich nehme es an!
Dass es vollkommen ist –
Ich nehme es an!

Dass es Sein ist –
Ich nehme es an!
Dass es Lieben ist –
Ich nehme es an!

Das Fühlen
Überlasse ich dem Fühlen,
Das Denken
Überlasse ich dem Denken,
Das Handeln
Überlasse ich dem Handeln.

Ich bleibe in all dem:
Der, der ich bin.

Bin ich durstig, trinke ich;
Bin ich müde, schlafe ich.
Bin ich getrieben, zu gehen, gehe ich;
Bin ich gehalten, zu bleiben, bleibe ich.

Ist es mein, ersehnter Retter dieser Welt zu sein,
So werde ich mich jeder Tat erkühnen.
Ist es mein, dein höriger Sklave zu sein,
So werde ich dir freudig und in Demut dienen.

Die Weisheit fällt aus allen Wolken,
Und mein Gedicht erblüht in den Kloaken.
Nichts wird mehr meinen Namen tragen,
Es wird kein Staub sich auf mich legen.

Ja, ich weiß,
Und ich weiß, wer ich bin.

Ich habe keine Rechte.
Ich habe keine Pflichten.
Ich bin.
Und bin GeWissen.

Es gibt keinen Anderen.
Es gibt keinen Eigenen.
Ich bin.
Und bin DerIchBin.

Da ist kein Außen.
Da ist kein Innen.
Ich bin.
Und bin DiesEsSein.

Was immer ich sehe:
Ein und Dasselbe –
Nur anders in seiner Art.
Was immer ich säe:
Ein und Dasselbe –
Bloß anders in seiner Art.

Was immer ich gebe:
Ein und Dasselbe –
Doch anders in seiner Art.
Was immer ich lebe:
Ein und Dasselbe –
Weil anders in seiner Art.

Nichts ein anderes
Und nichts sich gleich.

Dies macht mich wahr
Und jenes reich.

Verschwunden
Aus dem Vergangenen,
Nicht mehr zu finden
Im Kommenden.

Unhaltbar
Einer Gegenwart,
Ganz gegenwärtiger Moment.

Nur Sein noch,
Seiner selbst gewahr.

Es ist, wie es ist,
Ich nehme es wahr;
Ich bin, der ich bin,
Und lasse mich sein.

Die Welle steigt hoch,
Die Welle stürzt tief;
Das Wasser, es ruht,
Unbewegtes, in sich.

Die Wolke erscheint,
Die Wolke erlischt;
Der Himmel ist leer
Und unveränderlich.

Der Atem strömt aus,
Der Atem strömt ein;
Ich bleibe, was ist,
Es mischt sich nichts ein.

Es ist, wie es ist,
Ich nehme es wahr;
Ich bin, der ich bin,
Und lasse mich sein.

Wer tritt in allem mir entgegen?
Wem bin ich allzeit ausgesetzt?
Wer ist als ich in mir zugegen?
Wem bin vereint ich ganz zuletzt?

Wem löse ich mich ein?
Was bleibt von mir erhalten?
Wer trennt den Schein vom Sein?
Wen kann auch Tod nicht spalten?

Kein Ich, kein Du, das ist,
Kein Gott, kein Selbst, kein Höheres.
Was einzig ist: dass einzig ist!
Kein Anderer, nichts anderes.

Hab vergessen meinen Namen,
Hab vergessen meinen Sinn,
Ich kenne kein Gekommen,
Ich kenne kein Wohin.

Hab vergessen meinen Namen,
Hab vergessen meinen Sinn,
Kein Wollen ist, kein Sollen,
Der Nu gibt sich sich hin.

Hab vergessen meinen Namen,
Hab vergessen meinen Sinn,
Weiß Halt nicht, weiß kein Hoffen,
Weiß einzig nur: ich bin.

Hab vergessen meinen Namen,
Hab vergessen meinen Sinn,
Vom Lieben ganz durchflossen,
Singt alles mir: ich bin!

Hab vergessen meinen Namen,
Hab vergessen meinen Sinn.

Alles liegt in meinem Herzen,
Ich lege alles aus der Hand;
Es heilen Sehnsucht mir und Schmerzen,
So unentfernt dem Heimatland.

Hier kann ich jede Rolle spielen,
Doch spielt es keine Rolle mehr;
Ich muss ja fallen schon im Zielen,
Bin ich verwurzelt nicht im Hier.

Wie soll ich mich erkennen,
Da mir Erkennen Form und Namen nimmt?
Was mag mich noch benennen,
Da nur dies Eine einzig mich bestimmt?

Ich gebe mich gesamt verloren,
Da mir nichts mehr verloren geht;
Dem Augenblicke eingeboren
Bin ich: Der unter allem steht.

Ist alles gleich und gültig,
Und ist ein Jedes ganz genau;
Nichts bleibt zurück, nichts schuldig,
Vollkommen leer ist meine Schau.

Ich habe nichts vor,
Mir geht nichts nach;
Mein Geist ist leer,
Mein Wille liegt brach.

Ich bin ergeben
Dem Augenblick;
Stille und Frieden
Heißen mein Glück.

Wie tot ist mein Meinen,
Verendet das Meine;
Ich pulse in allem:
Dies Einzige Eine.

Ich kann nicht bewusst werden,
Weil ich bewusst bin.
Aber ich kann mich entscheiden,
Dessen bewusst zu sein.

Ich kann kein Bewusstsein haben,
Weil ich Bewusstsein bin.
Aber ich kann mich erlösen
Von Haben, Ich und Sein.

Ich habe kein Bewusstsein.
Es ist Bewusstsein, was ich bin.

Alles andere,
Das nehme ich nur an.

Ich habe kein Bewusstsein:
Ich bin.

Kann nicht bestimmen,
Was mich bestimmt;
Kann nicht erkennen,
Was mich erkennt.

Kann nicht in meine Hände nehmen,
Worin mein Sein gelassen ruht;
Und doch, da zwischen allem:
Nicht der geringste Unterschied.

Weiß nicht, warum,
Und weiß nicht, was ich tue.

Es tut aus dieser Stille,
Es tut in dieser Ruhe.

Weiß nicht, warum,
Und weiß nicht, was ich tue.

Ich habe mich
In Gewahrsein genommen.

Heute hat sich
Alles ergeben:
Diesem Moment
Und diesem Leben.

Heute hat sich
Alles ergeben:
Alles –
Auch ich!

In diesem Moment,
Überwältigt von diesem Moment,
Ist alles Sein einzig Sein,
Bin ich selbst einzig BIN,
Ist kein »Verschieden«,
Kein »Erscheinen«,
Und noch nicht einmal
Eine »Wahrnehmung«.

Nur ein Moment,
Der ganz sich selbst ergeben,
Nur Stille, die, berauscht
In ihrem Nichtbewegen,
Nun überfließt in alles Sein,
Versiegt in keinem Ding.

Und lächelt, lächelt, lächelt,
So tief
Und über alle Maßen still.

Ohne Woher:
Einzig HIER!

Ohne Wohin:
Einzig BIN!

Ohne ein Ich:
Einzig ICH!

Es ist, was es ist;
Ich bin, der ich bin.
Das ist so und daran
Wird sich nie etwas ändern.

Vermutungen und Meinungen,
Anschauungen und Vorstellungen,
Interpretationen und Bewertungen,
Die ändern sich.

Sie kommen und gehen,
Hinterlassen Spuren, um Spuren vorzugeben,
Bestätigen sich, sich zu bekräftigen,
Behaupten sich, um bestehen zu bleiben.

Sie zeugen und bezeugen,
Entgegnen sich, um einander zu widersprechen,
Belehren sich, einander zu besiegen,
Trennen sich, sich zu vereinigen.

So gehen sie auseinander hervor,
Um ineinander überzugehen.
Substanzlos und uneigenständig,
Geben sie vor, etwas zu sein.

Es ist, was es ist;
Ich bin, der ich bin.

Reine Stille, bloßes Sein:
Das, was geschieht, geschieht,
Ohne dass etwas geschieht;
Das, was ist, es ist,
Ohne dass etwas ist.

Ich, der ich bin, ich bin,
Doch ohne dass ich bin.

Reine Stille, bloßes Sein.

Das, was ich sehe,
Ist das, was ich nicht bin,
Denn ich bin kein Erscheinen.

Das, was ich finde,
Ist das, was ich nicht bin,
Denn ich bin nicht zu finden.

Das, was ich Ich nenne,
Ist das, was ich nicht bin,
Denn ich bin ohne Namen.

Das, was ich erkenne,
Ist das, was ich nicht bin,
Denn ich bin das Erkennen.

Ich bin nicht, was ich wahrnehme;
Ich bin nicht, was wahrnimmt;
Ich bin nicht Wahrnehmung.

Ich bin, worin all dies erscheint.

Nie bin ich gestorben,
Nie werde ich geboren.

In aller Form,
Doch ohne Form;
Nicht haftend an Form,
Nicht haftend an Nichtform.

Nie bin ich geboren,
Nie werde ich sterben.

Das Sterbliche,
Die Sterblichkeit all dessen,
Als das ich erscheine –

Im Unerschienenen,
Im Unerscheinenden,
Das ich bin.

In jeder Sekunde
Dies Oszillieren
Zwischen tot sein und leben.

In beidem ein Gast,
Und ohne zu wissen,
Wo bleibe ich hängen:

Im Bleiben? Im Gehen?
Im Bleiben? Im Kommen?

Was macht es noch aus?!

Weiter als alles,
Tiefer als nichts,
Bin ich das IST im IST.

Nichts als das IST im IST.

Zu wissen, wer ich bin,
Ist Erlösung aus aller Erlösung,
Ist Befreiung von aller Befreiung,
Ist bloßes, nacktes Sein.

Zu wissen, wer ich bin,
Entbindet von aller Entbindung,
Und schenkt, beschenkt von allem Sein,
An alles Sein sich hin.

Ich sitze nicht an der Quelle,
Ich bin Quelle.

Das aber weiß ich nur,
Weil ich an der Quelle sitze.

Ich sitze nicht an der Quelle:
Ich bin Quelle!

Denn siehe:
Ich, der ich nichts bin,
Bin alles!

Und siehe:
Ich, der ich nicht bin,
Ich bin!

Niemand ging verloren.
Niemand wird werden.

In diesem Sein
Bin ich allein.

Und lasse mich:
Sein.

Ich kehre heim in den Moment –
Darin mir alles ist,
Weil nichts mir je gehört.

Ich kehre heim in den Moment –
Der einfach ist,
Weil nichts mehr geht und nichts mehr kommt.

Ich kehre heim in den Moment –
Aus dem ich nie vertrieben,
Der allzeit ist und bleibt.

Ich kehre heim in den Moment –
In dem Geschichten sterben
Und die Geschichte sich erlöst.

Ich kehre heim in den Moment –
In diesen einzigen Moment,
In keinen einzigen Moment.

Wie gerne möchte ich schenken
Nur einen von diesen Momenten …

Ja –
Ich habe keine Ahnung:

Ich weiß!

Ich weiß es nicht zu sagen,
Doch spreche von nichts anderem.

Ich kann es nicht versprechen,
Und weiß es doch gewiss.

Ich lehre dich nicht.
Ich lehre dich nichts.

Bin bloß Erinnerung:

Du weißt!
Du bist!

Wende dich nicht an mich!
Wende dich nicht ab von der Wahrheit –
Das genügt!

Es genügt,
Im Wahren zu bleiben –
Denn dort wirst du mich schauen.

»Meister, woran erkenne ich,
Dass ich vom Wege abgekommen bin?«

»An der Illusion, zu glauben,
Du könntest vom Wege abgekommen sein.«

»Meister, was muss ich tun, um …?«

Die Frage war noch nicht zu Ende gesprochen,
Doch Meister Einklang musste plötzlich unwillkürlich lachen.

Er konnte gar nicht mehr enden, zu lachen,
Denn dieses Lachen schien aus dem Ewigen zu kommen
Und sich ins Ewige fortzusetzen.

Im Erschauen
Fängt alles an, zu brennen;

Erst im Erkennen
Wird es ganz still.

Bin gegangen,
Um zu sein.
Bin gekommen,
Um zu sein.

Bin,
Um zu sein!

Werde gehen,
Um zu sein …

Wie lange es dauert?
Gänzlich ein Leben.
Genau diesen Moment.

Gänzlich ein Leben.
Genau diesen Moment.

Diese Sekunde ist es,
Die die Jahrtausende trägt.

O, aus diesem Augenblick
Gebiert sich die Welt,
Gebiert sich das Licht,
Gebiert sich das Sein,
Gebiert sich das Ich!
O, aus diesem Augenblick!

Alles erscheint
Im Augenblick.
Alles verschwindet
Im Augenblick.

Alles ist
In diesem Augenblick.
Alles ist
Dieser Augenblick.

Nichts – außer:
Dieser Augenblick.

Hinter dem Hin und dem Her
Ruht ein beständiges Hier,
In all diesem Vor und Zurück
Bleibt unbewegt der Augenblick.

Hinter dem Hin und dem Her
Ruht ein beständiges Hier,
In all diesem Vor und Zurück
Bleibt unbewegt der Augenblick.

Hinter dem Hin und dem Her
Ruht ein beständiges Hier,
In all diesem Vor und Zurück
Bleibt unbewegt der Augenblick.

Werfen wir der Sonne vor,
Immer das Gleiche zu tun,
Immer das Gleiche zu sein?

Gibt kein richtig,
Gibt kein falsch.

Gibt nur das, was ist,
Und in diesem Moment!

Gibt kein richtig,
Gibt kein falsch.

Gibt kein erstes,
Gibt kein letztes,
Gibt nur dieses
Eine Mal!

Gibt kein letztes,
Gibt kein nächstes,
Gibt nur dieses
Eine Mal!

Gibt kein zweites,
Gibt kein erstes,
Gibt nur dieses
Eine Mal!

Alles Wissen
Scheidet und trennt,
Jeder Glaube
Schließt ein und schließt aus.

Die Wahrheit des Herzens
Nimmt an und erkennt,
Sie weist in sich selbst
Und weiß sich zuhaus.

Wie verletzlich ist dies Leben,
Wie süß ist dieses Sein,
Das Existieren aufgegeben,
Ist einzig IST allein!

Wie verletzlich ist dies Leben,
Wie süß ist dieses Sein!

Wahrnehmen, was ist,
Geschehen lassen, was sich ergibt;
Den Schatten nicht erfinden,
Sich entbinden dem Licht.

Wahrnehmen, was ist,
Geschehen lassen, was sich ergibt;
Nicht in ein Anderes sich spalten,
Sich bewahren in sich.

Wahrnehmen, was ist,
Geschehen lassen, was sich ergibt;
Kein Fehlen, kein Weg,
Gegenwärtig dem Glück.

Wahrnehmen, was ist,
Geschehen lassen, was sich ergibt;
Entsagen der Zeit,
Erfüllen diesen Augenblick.

Wahrnehmen, was ist,
Geschehen lassen, was sich ergibt.

Die Hand, die nicht fordert,
Bekommt es geschenkt,
Die Hand, an nichts haftend,
Ist jene, die reicht.

Alles so voller Geheimnis,
Alles so offensichtlich!

Ein jedes so außergewöhnlich,
Ein jedes so selbstverständlich!

Alles so voller Geheimnis,
Alles so offensichtlich!

Die Dinge bekommen ihr Sosein zurück,
Das Leben seine Lebendigkeit,
Und ganz sich selbst der Augenblick.

Verändert aber hat sich nichts!
Verändert aber hat sich nichts!

Die Dinge bekommen ihr Sosein zurück,
Das Leben seine Lebendigkeit,
Und ganz sich selbst der Augenblick.

Es ist nichts anderes.
Es ist kein Anderes.

Es ist es selbst.
Es ist absolut.

Nichts anderes ist.
Nichts anderes geschieht.

Ewig jetzt.
Einzig dies.

Es ist nichts anderes.
Es ist kein Anderes.

Alles ein Offenbaren
Des Einzigen,

Ein Jedes
Ein Ausdruck seiner selbst.

Ein Jedes genau eben DIES.
Einzig genau eben DIES.
Nichts als genau eben DIES.

Darin liegt die grundlegende Erlösung,
Die keiner Erlösung bedarf.

Ein Jedes genau eben DIES.
Einzig genau eben DIES.
Nichts als genau eben DIES.

Alles taucht auf
Aus dem Nichts,
Alles verschwindet
Im Nichts.

Bleibt dieses Nichts.
Bleibt alles.

Weil einzig dieses Eine ist,
Ist nicht einmal Eines.

Nur durch sich selbst erkennt das Licht:
Finsternis verwandelt sich in Helligkeit,
Helligkeit verwandelt sich in Finsternis.

Nur durch sich selbst erkennt sich: Licht.

Die meisten Menschen meinen, Wahrheit sei etwas Abstraktes. Aber Wahrheit ist das Konkreteste, das es gibt. Denn eigentlich ist sie das Einzige, das existiert.

Wahrheit ist das, was ist, während alles andere lediglich erscheint und wieder verschwindet. Wahrheit ist das, was bleibt, während alles andere immer nur kommt und geht.

Wahrheit ist der Grund, das, auf dem alles basiert, das, aus dem alles besteht. Wahrheit ist der Raum, das, das alles birgt, das, in dem alles geschieht.

Wahrheit ist die erste der Quellen, die Quelle aller Quellen, das, aus dem alles entspringt, das, in dem ein jedes Anfang nimmt. Wahrheit ist das letztendliche Meer, die tiefste aller Tiefen, das, in das alles mündet, das, in das sich ein jedes erlöst.

Wahrheit ist das Immerwährende, das Allgegenwärtige, das, was du niemals verwirklichen wirst, das, was du niemals nicht bist. Wahrheit ist das, was du nie erfassen kannst, doch nie verfehlen wirst, nie erreichen kannst, doch nie versäumen wirst.

Wahrheit ist dieser Augenblick, genau dieser Augenblick, das unendliche Hier, das ewige Jetzt. Wahrheit ist das einzige, das Substanz und Sein besitzt, das einzige, das eigen und ständig ist.

Wahrheit ist das, was ich bin, während ich alles andere nur annehme, zu sein.

Wahrheit ist das Einzige, das existiert. Das Einzige. Und es ist die einzige Wahrheit. Wahrheit ist das Konkreteste, das es gibt.

Um sie uns fern von Leib und Seele zu halten, haben wir sie zu etwas Abstraktem erklärt.

Ego, Ich und Verstand müssen weder beseitig, überwunden noch transformiert werden. Das könntest du gar nicht, niemand kann das, das ist völlig unmöglich. Um das zu können, müssten sie als etwas Eigenständiges existieren.

Deine Person, deine Illusionen und all die anderen unzähligen Erscheinungen sind ganz in Ordnung und haben ihren Sinn und ihre Funktion; mach dir keinen Kopf darum! Es reicht, sie zu schauen und sie als das zu sehen, was sie sind: Flüchtige Erscheinungen, die kommen und gehen; ohne Substanz, ohne Kern, ohne ein eigenständiges Sein.

Leere ist das, was ist und immer da ist. In ihr erscheint all dies: Erscheinen erscheint, Verschwinden erscheint, Sein erscheint, Nicht-Sein erscheint. Ohne Leere gäbe es weder Etwas noch Nichts, weder Subjekt noch Objekt, weder Erscheinen noch Verschwinden, weder Trennung noch Vereinigung, weder Illusion noch Bewusstsein.

Du kannst die Leere weder erreichen noch verfehlen, dich weder von ihr trennen noch dich mit ihr verbinden, weder aus ihr hervorgehen noch in sie eingehen. Um das zu können, müsste die Leere getrennt von dir existieren, müsste sie etwas anderes sein als du selbst. Aber die Leere ist ganz genau das, was du bist. Du bist die Leere – nichts anderes, denn nichts anderes ist.

Vorstellungen und Illusionen eine eigenständige Existenz zuzusprechen und somit die Notwendigkeit zu schaffen, sie beseitigen, überwinden oder transformieren zu müssen, das ist die eigentliche Illusion.

Kannst du das sehen und still darin verweilen, dann bist du in nichts verstrickt, auch wenn du in alles verstrickt bist.

Die Umwelt ist nicht das Problem.
Nur die Behauptung,
Sie könne etwas »Anderes« sein.

Das Ego ist nicht das Problem.
Nur die Behauptung,
Es könne etwas »Eigen-Ständiges« sein.

Gier ist nicht das Problem.
Bevor Gier erscheinen kann,
Muss es Besetzung und Vorenthaltung geben.
Besitz ist nicht das Problem.
Bevor Besitz erscheinen kann,
Muss es mein und dein geben.
Ego ist nicht das Problem.
Bevor Ego erscheinen kann,
Muss es die Idee eines Anderen geben.

Solange es die Idee eines Anderen gibt,
Werden alle Probleme unlösbar bleiben,
Weil ihre Ursache nicht gesehen,
Nicht erkannt und nicht behoben wird.

Gier, Besitz, Ego – sind nur Erscheinungen,
Die scheinbar in Beziehung zu stehen scheinen.
Sie für das Problem oder gar dessen Ursache zu halten,
Heißt, dem flüchtigen Schatten eines Geistes zu folgen.

Gier, Besitz, Ego – sind nur Erscheinungen,
Die scheinbar ein Problem zu sein scheinen.
Sie überwinden, transformieren oder läutern zu wollen,
Heißt, zu versuchen, sich in den Wolken eine ewige Heimstatt
    einzurichten.

Ist da nur die geringste Spur der Idee eines Anderen,
Wird jede scheinbare Lösung
Nur ein erneutes Problem hervorbringen.

Ist da nicht die geringste Spur der Idee eines Anderen,
So ist das grundlegende aller Probleme verschwunden,
Und es besteht keine Notwendigkeit mehr für irgendeine
    Lösung.

Nicht alles ist für alle, und nicht jedes ist für jeden und in jeder Situation das Gemäße und Geeignete.

Wenn ich nichts als Wasser bin, wird mein Rinnsalsein zum Rinnsal sprechen, in meinem Ozeansein wird sich der Ozean widerspiegeln, mein Wasserfallsein wird den Wasserfall bewegen und mein Tümpelsein dem Tümpel Geborgenheit geben. Und nur jene, die selbst nichts anderes als Wasser sind, werden sich in allem wiederfinden und sich selbst unterschiedslos darin erkennen können.

Das Höchste Gewahren ist nur für die Vereinzelten. Sie können und müssen beginnen mit dem unmittelbaren Erkennen des Wahren. Sie sind absolute Wahrheit, und ihr Sein ist Sehnen nach absoluter Wahrheit. So erscheinen sie als Wahrheit in der Welt, die sie erkennt oder nicht erkennt. Ist ihre Sehnsucht unbedingt, so überflutet ihr Herz ihre Wahrheit, wie ihre Wahrheit ihr Herz überströmt. Das wird geschehen. So, wie es geschieht.

Das ist ein Weg für die Einzelnen, nicht für die Vielen und auch nicht für die Wenigen. Die Vielen glauben, denken und handeln als separate Tropfen, die ankämpfen gegen ein Heer von anderen separaten Tropfen und sich in ständiger Furcht befinden, in einem übermächtigen Meer unterzugehen.

Die Wenigen leiden an der Vorstellung, nichts als bloß ein kleiner Tropfe zu sein. Sie sehnen nach der Vereinigung mit anderen Tropfen, nach Auflösung in einem gewaltigen Ozean. Sie glauben, dass sie so zu einem großen Wasser werden und also einen Fluss, einen See, ein Meer oder gar einen Ozean verkörpern.

Sie fühlen als ein Wasserstrom, und der Quelle entsprungen fließen sie einem Meer entgegen, zu münden im Ewigen.

Sie gehen aus von der Welt und sie gehen ein in die Welt; sie erscheinen in der Welt, und diese erscheint ihnen als Welt; sie erschaffen die Welt und ebenso ihr Darüberhinaus. Sie suchen das Grenzenlose, und das begrenzt ihre Suche. Ihre Wahrheit ist nicht die ganze, und sie berühren nicht den Grund, nur die Gründe. Ihre Identifikation folgt ihrer Vorstellung, und also werden sie immer nur ein Teil eines Wassers sein.

In den Einzelnen hat das Wasser aufgehört, etwas Anderes als Wasser zu sein. Es ist mit nichts mehr identifiziert, die Quelle ist zur Quelle heimgekehrt. Gibt sich das Wasser unmittelbar als das, was es ist, und als das, als das es jetzthier erscheint, dann wirkt es als Wahrheit – erkannt oder unerkannt in der Welt, erkannt oder unerkannt von der Welt.

Wo es wirkt als etwas Anderes als einzig es selbst, wo es sich abtrennt oder teilt, wo es Form oder Name annimmt, da wird es im Laufe der Zeiten in sich selbst versiegen und nicht mehr vermögen, den Durst des wahrhaft Dürstenden zu stillen.

Mit der Akzeptanz, mit dem AkzepTanz ist es so eine Sache, das ist sehr subtil und immer noch näher und immer schon früher, als wir meinen. Es fängt schon damit an, dass du gar nicht damit anfangen kannst, gar nicht damit anfangen musst. Es gibt kein »Akzeptieren«, das du tun kannst. Du kannst es nicht erschaffen, du kannst es nicht entlassen. Du kannst es nicht tun – du kannst es nur sein. Indem du es sein lässt – irgendetwas zu tun.

Das einzige, was du tun kannst, ist: Die Idee aufgeben, du müsstest irgendetwas (dafür) tun. Schon der Gedanke, du müsstest akzeptieren, ist Nicht-Akzeptieren. Verstehst Du?

Es ist bereits davor. Es ist vor jedem Vorstellen, vor jedem Vorverurteilen. Es ist die augenblickliche, uneingeschränkte, unbedingte und absolute Kapitulation, die augenblickliche, uneingeschränkte, unbedingte und absolute Absolution:

Ich bin 100 % vollkommen, die Welt ist 100 % vollkommen, die Menschen sind 100 % vollkommen.

Hast du diese vollkommene Absolution einmal gegeben, gibst du sie jedem Augenblick und nimmst ihr in keinem Moment etwas weg, dann kannst du tun und lassen, was du auch jetzt tust und lässt – es ist frei und ohne Gewicht.

Willst du eine praktische Anwendung für das tägliche Leben? Liebe! Liebe, bedingungslos! Liebe, in jedem Augenblick!

Kannst du nicht bedingungslos lieben, dann liebe bedingungslos, dass du nicht bedingungslos lieben kannst. Kannst du nicht bedingungslos lieben, dass du nicht bedingungslos lieben kannst, dann liebe bedingungslos, dass du nicht bedingungslos lieben kannst, dass du nicht bedingungslos lieben kannst.

Egal, was es ist, setze immer noch eines darauf, ganz gleich, wohin es führt, gehe immer noch eins tiefer, lege dich immer erneut und wieder darunter. Du bist das letzte aller Worte, du bist der tiefste der Gründe: Absolute Liebe.

Kümmere dich nicht um Erkenntnisse und Erfahrungen, nicht um Entwicklungen und Erscheinungen, schenke deine Aufmerksamkeit weder Urteilen noch Meinungen. Liebe einfach. Liebe jetzt!

Was immer auch auftaucht: Liebe es! Jetzt, hier, sofort und unbedingt! Wo immer es auftaucht, ob scheinbar im Innen, ob scheinbar im Außen: Liebe es! Durch wen es auch auftaucht, ob durch ein Wesen, das scheinbar das deine ist, ob durch ein Wesen, das scheinbar nicht das deine ist: Liebe es! Als was es auch auftaucht, ob als scheinbares Gut, ob als scheinbares Böse oder Schlecht, ob als scheinbare Liebe oder als scheinbarer Hass: Liebe es!

Liebe meint nicht, etwas Bestimmtes, Besonderes oder Einziges zu lieben, Lieben meint nicht eine bestimmte Art, zu lieben. Lieben meint jetzt und hier; Lieben meint das, was ist, und so, wie es ist: augenblicklich und absolut.

Wenn da Hass ist, dann darf dieser Hass auch sein. Liebe ihn! Liebe ihn, weil er ist. Erlaube ihm, da zu sein. Liebe ihn! Nicht aus Verdrängung, nicht aus Beschönigung. Liebe ihn als das, was er ist, als Hass. Liebe ihn, weil auch er Ausdruck der Liebe ist. Liebe ihn als eben jene Liebe, die nichts anderes als zu hassen vermag. Liebe ihn als die Liebe, die du bist. Liebe ihn als den Hass, der auch der deine ist. Dann darf und wird er sich irgendwann einlösen in sein Ursprüngliches und Allgegenwärtiges: Vom Lieben, das sich selbst nicht vertraut, zum Lieben, das sich hingegeben hat.

Das Lieben, von dem ich hier spreche, geht tiefer als Hassen und Lieben. Es ist davor – bevor etwas als Lieben und etwas als Hassen erscheint, bevor es zu einem Lieben oder zu einem Hassen wird. Dieses Davor, das ist der Tanz des Einen mit dem Einzigen. Das ist der AkzepTanz.

Da ist einzig Liebe – ganz gleich, welche Namen sie auch angenommen hat. Da ist einzig Lieben – ganz gleich, als was es erscheinen mag.

Du bist das. Das bist Du. Bleib einfach da. Bleib einfach da und schaue dir zu, wie du dich scheinbar davon löst und wie du verzweifelt versuchst, wieder dorthin zurück zu kehren, wo du doch allezeit bist. Bleibe da und schaue dir zu. Nimm dich wahr!

Spürst Du, wie du so vor Lieben überfließt? Spürst Du, wie sehr du dich liebst? Wie sehr du all das liebst, als das du dir erscheinst? Lasse es fließen, es nimmt dich mit. Liebe einfach! Liebe das, was du bist! All dein Elend, all deine Schönheit, all dein Verzweifeln, all deine Gewissheit, all deine Schmerzen, all deine Unverletzlichkeit. All das ist dein Dasein – und das, das es schaut, das bist Du.

Wenn aller Schein
Sich aufhebt und erlischt,
Zeigt sich das Sein
So, wie es ist.

Wenn alle Vorstellung
In sich zusammenbricht,
Bleibt nur die Spiegelung
Von Licht im Licht.

Die **edition kEin zWeites** versammelt Texte, die im Gewahren der Einen Wahrheit geschrieben wurden, jener grundlegenden Erkenntnis, dass da nichts als das Absolute ist, zu dem es kein Zweites oder Anderes gibt.

Diese Erkenntnis kann sich auf vielerlei Arten in Texten äußern oder in diesen präsent sein, als philosophische Darlegung oder spirituelle Lehrschrift, als auf den Punkt gebrachte Weisheit in Sinnspruch und Aphorismus, als Gedicht, das die schlichte Schönheit und Selbstverständlichkeit dieses Seins feiert und selbst nichts anderes ist als dieses, als gesellschaftspolitisches Essay, das aufzeigt, wohin es führt, wenn diese Wahrheit vergessen, ignoriert oder nicht anerkannt wird.

Texte, die allem gegenüber wie ein ungetrübter Spiegel sind, der klar und unwillkürlich, ohne zu bedingen oder zu manipulieren, spiegelt, was ist, was da ist und wahr ist: Hier und Jetzt, Herz und inneres Wissen, Menschen und Gegebenheiten, Geschichte und Geschichten – jederzeit und zu allen Zeiten.

Zeitlose Texte, die keiner Mode unterliegen, keiner Richtung folgen, der Zeit enthoben und ausgerichtet auf das, das über Zeit und Raum hinaus weist. Sie wurzeln nicht in der Welt, sondern eben in jenem Absoluten, das sie in jedem Augenblick als Autorität akzeptieren. Sie suchen nichts zu verkaufen oder zu beweisen, sie fügen nichts hinzu, sie nehmen nichts weg.

Sie ruhen in sich selbst und stehen ganz für sich – und damit allein in einer Welt, die ihren Grund nicht mehr erkennt, ihren Sinn nicht weiß, und unter Menschen, die es aufgegeben haben, nach ihrem wahren Sein und Selbst zu suchen. Allen, die diese Suche (wieder) – in sich – aufgenommen haben, können die Texte der **edition kEin zWeites** Basis und Orientierung geben, Bestärkung und Bestätigung sein.

»Verdichtungen 2013 · 4/4«
von Henning Sabo
erscheint im Frühjahr 2024 als 4. Druck der
edition kEin zWeites
kein.zweites@web.de

Herstellung und Verlag:
BoD – Books on Demand, Norderstedt

Gestaltung, Typographie und Satz in der Minion Pro:
Sven Uftring, Bad Nauheim
www.asku.de

Lektorat und Edition:
Henning Sabo, Neustrelitz
henning.sabo@web.de

ISBN 978-3-758-33200-5